loulou & Cie
l'école des loisirs
11, rue de Sèvres, Paris 6e

ISBN 978-2-211-33846-2

Loi numéro 49 956 du 16 juillet 1949 sur les publications
destinées à la jeunesse : août 2024.
Dépôt légal : août 2024.
Imprimé en Italie par Grafiche AZ.
www.ecoledesloisirs.fr

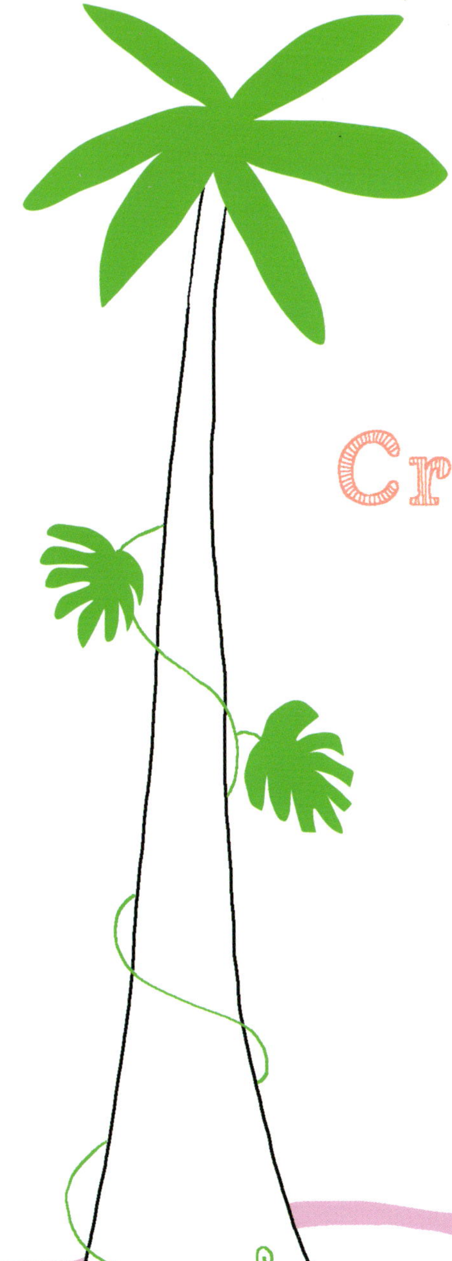

Soledad Bravi

Crocomémé

Parfois les crocodiles n'ont plus de lait pour leurs céréales.

C'est fâcheux

Ils n'aiment pas commencer la journée
le ventre vide.

Croco s'étonne qu'il n'y ait jamais personne dans la supérette en bas de chez lui.

Pas de personnel, il doit à chaque fois aller aux caisses automatiques.

BIP

Il se dépêche de prendre son petit déjeuner car il n'aime pas être en retard.

Il a rendez-vous avec son meilleur ami,
Carlos, un petit garçon.
Carlos lui a appris qu'il valait mieux
avoir un ami que de le manger.

Aujourd'hui, ils vont voir Crocomémé, la grand-mère de Croco.

CROCO!

Elle habite dans la jungle à côté,
entre les babouins et les perroquets.

mais pourquoi elle habite pas en ville avec toi?
parce qu'elle préfère vivre au milieu des arbres avec ses amis

j'ai un peu soif
c'est quand qu'on arrive ?
il faut marcher encore un peu

et toi, pourquoi tu préfères la ville ?
parce qu'il y a des petits enfants qui posent des questions

et là, qui habite là ?
des piranhas
et lui, c'est qui ?
le toucan

et là, il y a quoi ?
des paresseux
et ici ?
Coucou !
un capybara

et ceux-là?
des anacondas

et lui,
il fait
quoi ?
son nid
pourquoi ?
pour dormir

et elle, elle pique ?
oui
et eux, pourquoi ils mangent des fourmis ?

pour se nourrir
je peux monter là-haut ?
non!
pourquoi ?
parce que c'est haut

On est arrivés

Crocomémé partage une mare
avec ses cousins jumeaux.

Elle est contente de rencontrer Carlos.

Crocomémé !
Salut, les jumeaux !

Les cousins aimeraient bien goûter Carlos.

Juste un petit bout
pour le goût

Croco leur demande gentiment
de laisser tranquille le petit garçon.

LOUTCH
HEY!
PLOUTCH
PLOUTCH
OH!
HA HA
HA
HA

Tout en dégustant la tarte aux fraises qu'ils ont apportée, Crocomémé raconte à Carlos les bêtises que faisait Croco quand il était tout petit.

Pas du tout, j'étais très sage !!!

Il aimait sauter de la plus haute branche dans la mare…

... afin d'arroser le plus d'animaux possible...
HA, HA, HA, HA !
PLOUTCH

Il aimait nous chatouiller les pieds sous l'eau pour nous faire croire qu'il y avait des serpents...
un serpent !
un serpent !

AAAH!
AAH!

Carlos est enchanté par toutes
ces histoires sur son ami Croco.

HA
HA
HA
HA
HAHA
HA

Mais il est tard, il est temps de se séparer.

C'était une belle journée.

HA, HA, HA